o beija-flor-de-topete

Texto e Ilustrações
Rubens Matuck

BIRUTA

AGRADECIMENTOS
Nossos sinceros agradecimentos às pessoas que gentilmente nos deram sua inestimável ajuda na realização do trabalho de edição desta obra.

Prof. Dr. Adayr Mafuz Saliba
Isben de Gusmão Câmara
Hilda Therezinha Pecora Lisboa
Dra. Nicia Wendel de Magalhães

Dados Internacionais de Catalogação na Publicação (CIP)
do Departamento Nacional do Livro

M445 Matuck, Rubens.
O beija-flor-de-topete/Texto e ilustrações Rubens Matuck. – São Paulo: Biruta, 2003.
16p. : il. color. ; 22cm.

ISBN 978-85-88159-08-2

1. Literatura infantojuvenil. I. Título.

CDD 808.899282

7ª edição – 2011

Texto e Ilustrações
Rubens Matuck

Projeto Gráfico
Casa Rex

Coordenação Editorial
Editora Biruta

Edição em conformidade com o novo acordo ortográfico da língua portuguesa.

Todos os direitos desta edição reservados à
Editora Biruta Ltda.
Rua Coronel José Eusébio, 95 – Vila Casa 100-5 – CEP 01239-030
Higienópolis, São Paulo – SP – Brasil
Tel/Fax (11) 3081-5741 Tel (11) 3881-5739
E-mail: biruta@editorabiruta.com.br
Site: www.editorabiruta.com.br

RUBENS MATUCK é artista plástico, escultor, escritor e desenhista. É autor de mais de trinta livros infantis e em quinze deles cuidou não só das ilustrações como também do texto.

A fauna e a flora brasileira são os temas destes livros. Publicou pela Editora Biruta os títulos da série *Natureza Brasileira* sobre animais em extinção e as regiões do país. *O Lobo--guará*, *A Baleia-corcunda*, *O Beija--flor-de-topete* e *A Ararajuba* receberam o prêmio Altamente Recomendável da Fundação Nacional do Livro Infantil e Juvenil (FNLIJ) em 2004. Sobre as regiões brasileiras foram publicados três títulos pela Editora Biruta: *A Caatinga*, *O Pantanal* e *A Amazônia*.

Rubens Matuck recebeu prêmios como o Jabuti de Melhor Ilustração de Livro Infantil em 1993 e o do Salon du Livre de Jeunesse (Paris, 1992).

Bom dia! Eu sou Topetinho,

um dos menores beija-flores que existem. Tenho muitos parentes, alguns são maiores e têm outras cores.

O meu nome é Beija-flor-de-topete.
Vivo nas matas do Espírito Santo.

Minha floresta é quente e úmida.

Gosto de tomar banho e me secar ao sol

olhando as formas das trepadeiras, cipós e as flores coloridas, onde vou buscar o néctar de que tanto gosto.

Quando voo de uma flor para outra recolhendo o néctar, faço um trabalho semelhante ao das abelhas na reprodução das plantas.

Existem algumas bromélias
que só se reproduzem com a minha ajuda.

Tenho muitos amigos,

como os papagaios, saíras e tucanos.
Eles são grandes, coloridos e se alimentam de frutas e sementes.

Tenho também um inimigo:

o Caburé-do-sol, que caça durante o dia
e se alimenta de pássaros pequenos.

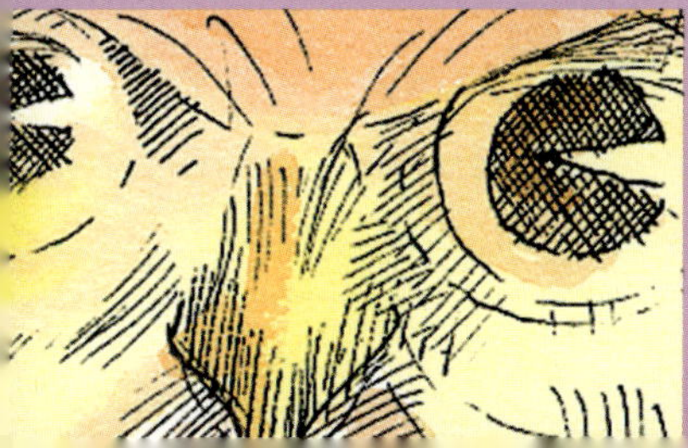

Quando um amigo descobre um Caburé disfarçado em algum tronco de árvore, logo dá o alarme e os beija-flores que estão por perto vêm em revoada socorrer os que estão em perigo.

Esvoaçando ameaçadoramente em volta da coruja,
procuramos confundir o inimigo.

Somos muito lutadores e valentes

Na Natureza, o importante é a espécie e não o indivíduo em si.

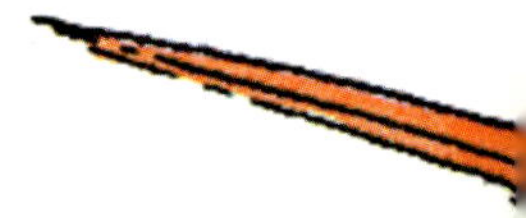

Nós nos unimos e quando o número de beija-flores é grande,
conseguimos confundir o Caburé e ele vai embora.

Minha esposa fez um ninho quente e fofinho.

Ela botou ali dois lindos ovinhos e quando nossos filhos nascerem ela também vai cuidar da sua alimentação.